JN086971

左の写真は、初めて「三重連」を知ったとき、マミヤ・プレスにネガカラーを入れて撮ったもの。霧もあって、色再現はこれが限界… そうはいいつつも記念すべき一枚。次ページの C58 も朝霧の中、忽然と姿を現わした。

006

三江北線、江津～江津本町間のお気に入りの情景。
江の川に沿って中国山地を目指す、機関車はC56
の逆向運転で、独特の情景のなかを走って行くのだ。
　次ページの小郡機関区にいたC621。艶のある塗
装とともに、火室部分の赤が鮮烈な印象を残した。

布原信号所を往く
D51/C58
谷間に汽笛が谺する

布原、阿哲峡の D51/C58

■ 伯備線　新見〜備中神代間

　伯備線は伯耆の国と備中とを結ぶ、つまりは中国山地を横切る陰陽連絡の路線である。近年は電化もされてちょっとしたメインルートになっているが、歴史は旧く大正年間に北と南とから建設がはじめられた。1928年、つまり昭和のはじめに全通し、倉敷〜伯耆大山間 138.4km を結んでそれぞれ山陽本線、山陰本線と接続する。

　のちに遅れて広島方面に至る芸備線が全通して、備中神代で伯備線と接続するのだが、付近の中心地であった新見駅が始発着駅となり新見〜備中神代間は伯備線に乗入れとなる。そして、1936年10月10日、その中間点にあたる伯備線倉敷起点の 68.3km 地点に布原信号所が設置されるのである。

　新見駅からは 3.9km で、交換のための信号所だったのが、1953年から客扱いされるようになり、その後 1987年民営化とともに駅に格上げされ、芸備線の普通列車のみ停車するようになっている。

　普通ならば見過ごされてしまうような信号所が、一躍有名になったのは、いうまでもない「三重連」。伯備線 足立駅発の石灰運搬列車が D51 型の三重連で運転されることが話題になってから、である。いったん布原信号所に停車して普通列車と交換。西川を渡ってトンネルに入るまで、全力で加速する迫力たるや…

　それこそ全国から数多くの鉄道好き、汽車好きをこの辺境の地に誘ったのであった。

　それもいまは、なんだか夢のなかのできごとだったような、むかしの語り草になってしまっている。機関車 2 輌、重連運転でも興奮していたのにそれが 3 輌も、しかも貨物用大型機 D51 型なのだ。われわれの期待に応えてくれるかのように、もうもうたる煙とドレインで疾駆して見せてくれた。

　その迫力に隠れてしまったかのような気がするが、じつの布原付近は、谷あいの美しく静かな情景の広がるところであった。心落ち着く日本のローカル・ポイント。

　本当は静かで日本的な情景の広がる布原。鉄橋を渡るD51の向こうは春を待つ田んぼのなかに一軒の農家。籾殻焼きのあとも残っている。鉄橋の下、西川の流れとともにその農家に行く一本道がくぐっている。鉄橋脇の腕木式信号機はもちろん「ススメ」だ。

　西川の流れを下に三方を山で囲まれた「阿哲峡」と呼ばれた山間の小さな集落。その真ん中を線路が走る。川の流れに沿うように、左右にくねりながら通過していく。その絶妙なカーヴがまた布原の情景を忘れがたいものにしている。

　D51が逆向運転でトンネルから姿を現わした。朝、あれだけ多くの鉄道好きが待ち構えていた鉄橋脇にも、また見下ろす布原の周辺にも人影は見えない。静かな、布原本来の佇まい、である。

　D51はドラフト音もなく、それこそ鉄橋を渡る走行音が聞こえてくるようなシーンだ。上り勾配でダッシュする三重連とは大きなちがい。そのときは信号所の到着から発車まですべてが観察できたのだが、この下り列車はトンネルから突然登場してきた。それも三重連とは対照的だ。

　そのまま音もなく築堤を下っていって布原信号所の構内に滑り込んでいく。「S字状」にくねった複線の両側にそれぞれ客車1輌分ほどの長さのホームがある。列車はそのホームを通り過ぎた先に停車した。

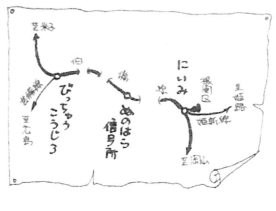

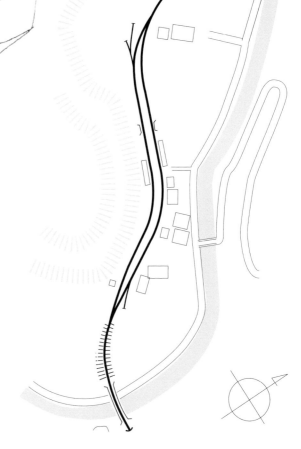

イラストの下の端、トンネルが「苦ヶ坂トンネル」で、布原信号所を発車した三重連が橋を渡って飛び込むトンネル。その脇が撮影ポイントになっていた。鉄橋から築堤を下がったところが布原信号所。信号所自体も「Sカーヴ」を描いており、有効長の長い複線区間の中央に客車1輌分ほどのホームが対向する。上側が備中神代につづく。流れている西川に沿って道路が走る。その道路は西川を渡って、ヘアピンを含むつづら折れの坂道を上ると国道180号線に出る。写真で解る通り、静かな谷あいに布原信号所はあるのだった。

　新見発足立行 481 レ。貨物を受け取りに行くのだ
ろうか、トキは空荷のようだ。12 時 39 分 30 秒発、
停車するかしないか、というようなタイミングで煙
が白く変わった。白いドレインがその煙と同化して
流れる。

　ずいぶん遅れてドラフト音が微かに聞こえたよう
な。目を凝らしているこちらのことなど関係なく、
もう一軒の農家の付近でポイントを渡り、少しずつ
速度をあげながら右に大きくカーヴ。サイドヴュウ
を見せ、そのままふたたび西川を渡って、向こうの
山影に消えていった。

　お気にりの布原の模型レイアウトの中を思い通り
に列車を走らせたような、そんな印象が残る。それ
ほど布原の周辺は絵に描いたような美しい情景、い
や、逆にいうと景色を壊すようなものがなにも存在
しないのだ。四季の移ろいをそのまま感じさせてく
れるであろう田んぼが広がり、子供たちの遊ぶ姿こ
そないものの、西川は綺麗な流れを見せている。そ
して点在する農家。人影はないけれど、そこでは
365 日、途切れることのない生活がつづいているに
ちがいない。

　そして気には留めていなかっただろうけれど、毎
朝のように蒸気機関車の大奮闘を見、蒸気機関車の
走る情景とともに暮していた。布原に暮す人びとは
どんな生活だったのだろう。いまも気になることだ。

　布原を訪れるようになったきっかけは、もちろん三重連のトピックがあったからではあるけれど、その後も幾度か繰り返し訪れることになったのは布原の佇まいの魅力があったからにほかならない。小さな谷あいに広がる箱庭のような情景。それを上の国道から俯瞰することもできるし、谷におりていって間近かで迫力あるシーンを味わうこともできる。

　伯備線のD51、芸備線のC58、旅客列車、貨物列車、石灰輸送専用列車… なによりも列車密度の濃さは布原の大きな魅力のひとつだろう。運用の都合もあってか、重連だけでなく逆向運転、逆向捕機なども見ることができた。

　それにしても、こんなに列車が往来するのに、布原にはあまりひと気が感じられない。それもまたこの情景を「模型的」と感じてしまう理由のひとつかもしれない。次から次へと、好きな機関車を走らせて、それを高みから見て楽しんでいる、そんなことを夢想する。

　例の「三重連」のインパクトが大き過ぎたせいだろうか。じつはこの静かな情景の素晴らしさに気付くことなく終わってしまったかもしれなかった。確かに「三重連」はまたとないエンタテインメントだった。だが、もうひとつの布原も忘れられないのだ。

D51 と C58

　新見から中国山地の背骨に沿って広島まで走る芸備線。正確にいうと備中神代〜広島間159.1kmが芸備線で、新見〜備中神代間は伯備線に乗入れる形で、すべての列車が新見発着になっている。そして面白いことに、芸備線の列車は貨客列車ともC58型の牽引。

　つまり布原を通過する列車は広島に行く芸備線が「シゴハチ」で米子に行く伯備線が「デゴイチ」と分かれ、それぞれ旅客列車も貨物列車も牽いている、というのが面白い。両方の線の列車が走る布原は列車密度も濃く、加えて前述のように重連運転や後補機、ときに逆向運転も見られたりするから、飽きることはなかった。

　D51型とC58型、ともに煙突前に給水温め器を横置き搭載していることから、似た顔つきをしている。「シゴハチ」は一瞬D51型と見紛ったりするけれど、ひと回り華奢でやはり客車列車を牽く姿はより似つかわしく思える。

　もちろんドラフト音で両者を聞き分けるなどということはできるはずもなく、姿を見せた瞬間にもあれ、どっちだ？　と最後の頃はなんだかクイズのように楽しんでいたのを思い出す。思えば佳き時代だった、と懐かしくなったりするのだ。

芸備線の C58

　芸備線は元もとは私鉄の芸備鉄道（広島〜備後庄原）を国有化した部分と国鉄として開業した部分とが一本化され、比較的長い支線となったものだ。そのむかしは8620型も走っていたといわれるが、気付いたときには、貨客列車ともに C58 型に統一されていた。

　貨客両用、万能機関車などと形容された C58 型は、なぜか訪問の経験が少ないままであった。晩年の C58型は道東、陸羽東西線に代表される東北地方、千葉、和歌山、四国全域などで活躍していた。思い返してみると、四国は別にして、近くまで行く機会はあったのに、である。特別好きな機関車ではなかったにしろ、理由が思い浮かばない。

　最後まで活躍がつづきそうな機関車、といわれていたから、だろうか。

　上り、新見行の芸備線列車は先頭にスハニを連結しているものが多く、スハニ＋オハ＋オハ＋オハフといった典型的な客車列車の編成。模型にそのまま再現できてしまいそうな列車だった。しかし、集煙装置を装備しているとはいえ、豪快に吐き出される煙、辺りに谺するほどのドラフト音はとても模型では再現できない。この地に立って、そのシーンを目に焼き付けた者は決して模型では満たされない、ということになる。それほどに蒸気機関車は魅力的だった、という結論にほかなるまい。

　布原を行き交う「シゴハチ」は、新見区のものと三次の芸備線管理所のものとがいた。新見区のC58は三次まで、芸備線管理所のC58は広島までの全線を走る。新見方にスハニを連結した客車列車は、地方の主要路線といった感じで、ちょっと嬉しかったりする。

　「シゴハチ」はボイラーの太さの関係もあるのか、煙突がスラリと長い機関車、という印象がある。集煙装置を被せられた布原のC58は、そんなイメージとは異なり、独特の重量感があった。20m級客車にも負けていない、そんな存在感のもとは、集煙装置だったのかも知れない。

029

030

最後の布原…

　最後に布原を訪問したのはいつのことだったろう。例の「三重連」が消えゆく蒸気機関車の象徴のようにクローズアップされ、多くの人が布原に溢れるように訪れるようになった。畑を潰して臨時の駐車場にしたり、有料の撮影ポイントを提供するなど、メディアの格好の題材としても扱われるようになった。

　布原を訪問した最後は1971年の秋のことであった。すでに芸備線C58は1971年3月に引退しており、なん本かの列車を撮影しただけで、新見に向かった。新見機関区に赤いディーゼル機がいたりして、布原の終焉も近いことを実感した。

　さっきの布原は、いつもと変わらない静かな情景だったのに、やはり時間は待ってはくれなかったのだ。そんなことを否応なく実感して機関区をあとにした。

　1972年3月に最後の「三重連」運転が行なわれ、翌1973年3月で伯備線のD51も引退したのだった。

　いまでは電化も果たされ、陰陽連絡路線として、特急電車も走る路線になっているのはご存知の通り。布原も1987年駅に昇格し、芸備線列車が停車するようになっている。

032

新見機関区とC58

盆地に広がる鉄道の街

鉄道の街、蒸気機関車の街というところがいくつかあった。晩年ではあったけれど、まだまだ鉄道に欠かせぬ鉄路の主役であった蒸気機関車。その基地である機関区のある街は、ひっきりなしに蒸機の汽笛の音が聴こえ、街の活気を表わしているようだった。

　岡山県北部、中国山地に囲まれた盆地に位置する新見も、そんな鉄道の街、蒸気機関車の街として知られていた。大きな扇形庫の向こうに広がる街並も、すべて鉄道中心に動いているような、そんな雰囲気があった。この機関庫は当初7線、のち1938年に7線が追加され、14線の扇形庫になった。

　1969年の「車輌配置表」を見ても、38輌もの蒸気機関車を擁するという機関区は、近隣では最大、それこそ全国レヴェルでみても上から数えて何番目というような大機関区であった。それもD51型25輌、C58型13輌という本線用の機関車ばかりの布陣なのだから、いかに重要な基地であったかが想像できよう。

　伯備線用のD51、芸備線用のC58とはっきり使用線区は分かれていたが、両方とも給水温め器を煙突前に横置き搭載する似た顔つきから、機関区全体に機関車が詰まっている印象があって、いつも活気溢れているように見えるのだった。

　右の写真、数えてみたら12輌もの機関車が写っている。「デゴイチ」と「シゴハチ」、煙突前の給水温め器だけでなく、どれもが集煙装置を付けていて似た顔つき、ずらり同型機が並んでいるかのような迫力。ちょっとほかでは見られない光景なのであった。

　蒸気機関車が消え、扇形庫も1980年7月に解体された。

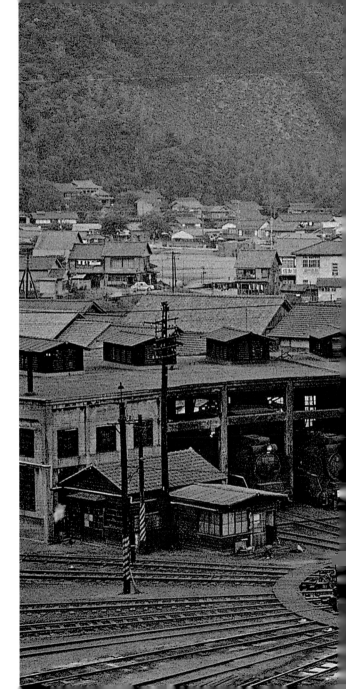

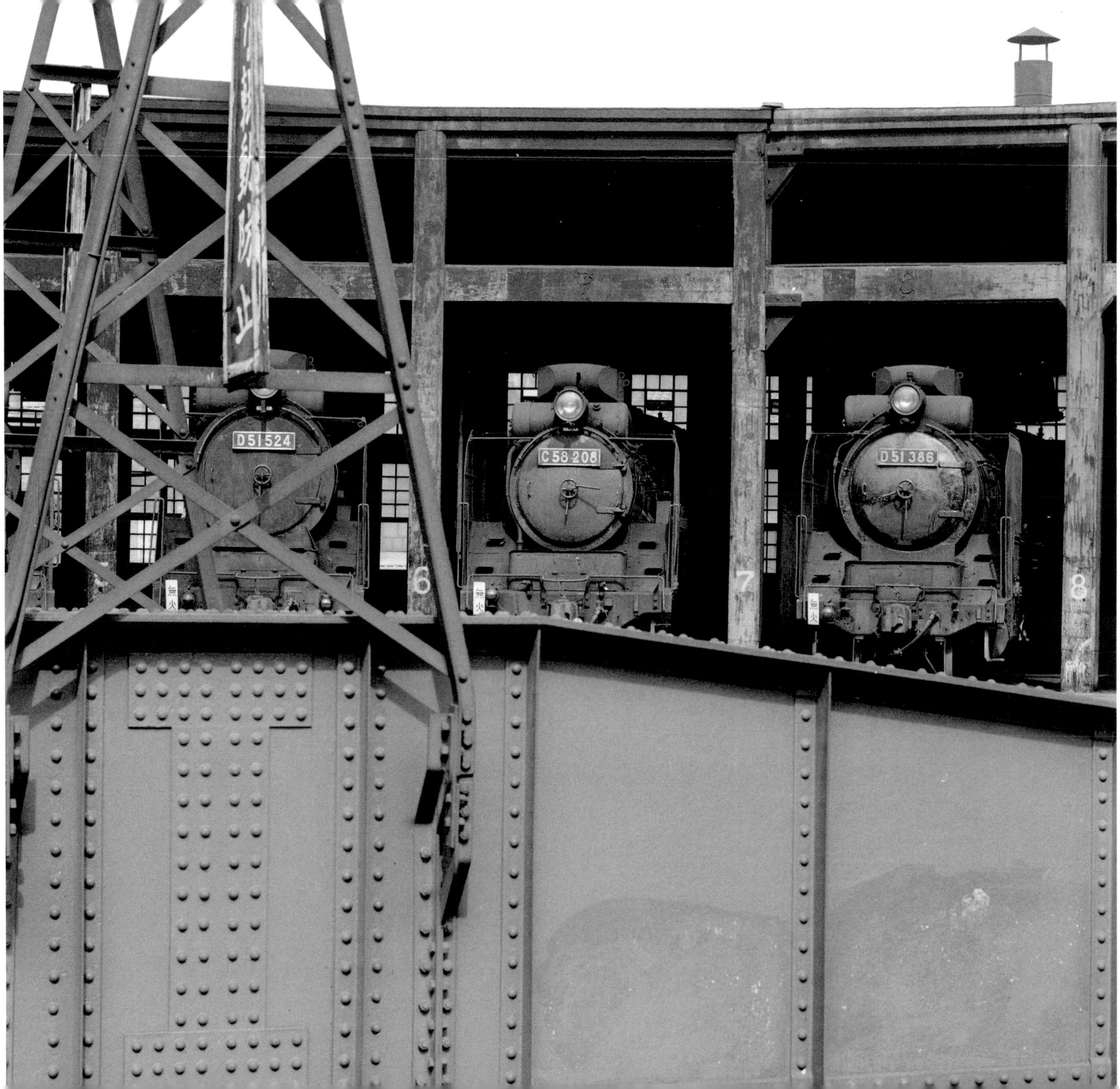
D51524
C58208
D51386
6
7
8

　14線の扇形庫が機関区の中心、というように扇の要であるターンテーブルに向かって待機する機関車が轡を並べている。シールドビームでないLP42型大型前照灯が、やはり蒸気機関車には似合っている、というのもつくづく感じられる。

　それにしても新見区の機関車はどれもがよく手入れされている印象であった。それは機関車がみな均質に整備されていることでもよく解る。どの機関車にも同じように手を掛けて、同じように美しい状態に保つということは、なかなか難しいことである。それができていたということは、そのまま新見機関区のレヴェルの高さを物語っている、というものだ。

　伯備線の全線開業は昭和になってから、1928年10月のことである。それより前、7月18日に北と南とから延ばされてきた線路が新見の南方、金谷橋りょう付近で一本に繋がった。

　「伯備線山陰山陽連絡記念」として、日章旗をかざした岡山建設事務所の2906（2900型）と米子建設事務所の3321（3300型）が連結するというセレモニイの写真が残されている（山陽新聞）。

新見機関区が新設されたのも、10月25日のことだ。ところでD51が走るより前の伯備線はどんなだったのだろう。

　そもそも、建設時には陰陽連絡のメインストリートではなかった。規格も低い「丙線」扱いだったといわれ、1150、1070型だろうか、2Bテンダ機改造のタンク機関車が、二軸の木造客車を牽いて走る全通前の写真があった。

　伯備線全通に促されるように、付近の鉄道建設熱はいっそう高まっていった。1930年には作備線と呼ばれていた津山〜新見間が開通、それは1936年4月には、姫路までの線路と結んで姫新線になる。同年10月には備中神代から西方に延びていた線路が広島まで到達、芸備線も全通するのだ。こうして新見は東西南北に線路が延びる、まさに要の地になったのだった。

　D51が入線する前の伯備線は8620と9600が走っていた、という。姫新線、芸備線も「ハチロク」が活躍しており、新見機関区はいち時8620型が数多く並んでいたようだ。

　やがて「ハチロク」はC58型に代わり、伯備線も貨客ともに「デゴイチ」が活躍する線になった。

完全な転動防止

C58型

軸配置1C1を持つ唯一のテンダ機関車として、1938年に製造が開始された。貨客両用、使い勝手のいい機関車として、全部で427輛がつくられた。煙突前に給水温め器を横置き搭載するなどD51と似た風貌。途中1946年製のC58383からは船底テンダーになるなどのチェンジが施され、「戦後型」と呼ばれる。

　新見機関区には芸備線用として、10数輛のC58型が配置されていた。貨客両用という特徴そのままに、旅客列車にも貨物列車にも使用されていた。1輛だけ戦後型のC58403がいたが、残りはみんな戦前の標準型であった。

　新見区の配属機だけでなく、芸備線管理所の15輛のC58型、津山区の姫新線用が新見駅には姿を見せており、周辺でのC58型は標準的機関車というような印象があった。

　米子鉄道管理局の後藤工場による集煙装置を備えるのが特徴だが、冬期にはスノウプラウを装着し、夏期にはキャブの窓枠やドアを取り外すなど、細かい変化もみられた。

　1965年時点で12輛、1969年3月時点で13輛、1971年には11輛と推移していた。

1939 年 9 月、汽車会社製、製番 1806。
最初は奈良区に配属されるが、戦後間
もなく新見区に移ってきた。以後 1971
年 12 月に廃車になるまでずっと新見区
にあった。1947 年 12 月に伯備線、姫
新線でお召列車を牽引した記録がある。

C58172

C58174

1939 年 10 月、汽車会社製、製番 1808。
新製後すぐに新見区に配属され、1971 年
5 月の廃車まで新見区で活躍しつづけた。

C58199

1940年1月、川崎車両製、製番 2227。新製後は稲沢区に配属された が、岡山区を経て1943年10月から 新見区に。以後1972年8月に廃車 になるまで新見区で活躍をつづけた。

C58298

1941年10月、川崎車両製、製番 2575。 新製後すぐに新見区に配属され、長く 活躍。1971年4月に横手区に移動し て、そこで1972年4月に廃車になった。

C58208

1940年2月、川崎車両製、製番2246。新製後すぐに奈良区に配属されるが、1944年9月に浜田区に転属。その後1948年7月に新見区に転入。1971年5月の廃車まで新見区で活躍しつづけた。

C58247

1940年11月、川崎車両製、製番2398。新製後すぐに新見区に配属され、1972年8月の廃車までずっと新見区から離れることはなかった。

C58314

1942年2月、汽車会社製、製番2164。最初から新見区に配属され、1970年10月に廃車になるまでずっと新見区にあった。晩年は入換え専用に使われたのか、1965年に後藤寺工場式の切取りデフになり、テンダーにはミドリ十字のマークが入れられていた。前照灯はシールドビーム。写真は廃車直前の姿。

C58360

1944年2月、川崎車両製、製番2938。完成当初は王寺区。そこから八王子区、津和野区を経て、戦後間なしに新見区に配属される。1972年8月に廃車になった。前照灯はシールドビーム。

三江北線の C56

江津駅の絶景

　江津の駅を出て、山陰本線はそのまま486.2mの郷川橋りょうを渡って国道とともに東方を目指す。同じ江津駅を出たローカル線、三江北線は急曲線で90°向きを代え、江の川に沿って南下していく。

　この線路情景の面白さは、いま以って真っ先に思い起こされるひとつになっている。

　しかも、江津発7時54分、石見川本着9時44分の三江北線を走る日に一往復の貨物列車、1391レは往路C56型蒸気機関車の逆向運転。面白さに輪をかける。

　そんな情景の中、偶然にも本線とローカル線の蒸気機関車が同時発車するとは…

自分の思い入れだけで雄弁になっても、むしろ空回りに終わるのがオチだ、と解ってはいる。でも、こんなに面白い線路は見たことがなかった。

　駅を出て、すぐに右に90°向きを変え、河に沿って走る。河岸まで迫った山とゆったりと流れる河とに挟まれて、ここしかありません、というような隘路に線路が敷かれている。それも高低差や地形を抑え込むように橋りょうと築堤で。

　コンクリートの築堤、8連のプレートガーダー、築堤、17連のガーダー橋とつづく線路は、いまでこそ全線高架みたいな線路があるから驚かないかもしれないが、1930年の開通当時はあまり例をみないものだったろう。しかも、そのガーダー橋をギリギリ避けるようにして家並が広がっている光景は目を見張ってしまうほどであった。

　ガーダー橋である。それこそ列車が通るたびに騒音がし揺れもするだろうに。そこを煙を吐きながら蒸気機関車が通過しているのである。二階の窓を空けたらすぐそこに蒸気機関車の動輪… われわれだったら毎日こんな情景が見られるなんてなんと素晴らしい、一度は経験してみたかった、などと好奇心を発揮してしまうが、住民のみなさんはどうであったのだろう。ドレインなど切られた日には、開いた窓から蒸気が室内に飛び込んでくる、決して嬉しいことではなかったのだろうか。

　今は亡き情景、好奇心は満たされぬままだ。

049

　右上の写真はガーダー橋に入る手前、江の川の河口近く、向こうに山陰本線と国道9号線が江の川を渡っている。それぞれ「郷川橋りょう」、「江川橋」と呼ばれ、ともに1920年に完成した。

　それより10年遅れて、三江線の最初の区間が開通する。山陰本線から分岐して、陰陽連絡を目指して江の川に沿って南下していく路線だが、江津を出てすぐ、それは江の川の西岸、手前の家並の中を横切るように敷かれているのだった。のちに南からも線路が延びたことから三江北線になった。

三江北線、江津の絶景

　前の見開き写真は、最初の遭遇から焦って撮った2枚の写真を左右のページで並べたものだ。山陰本線の列車を撮って、三江北線を見たらまだそんなに進んでいなかった。

　しかし不思議なことに、このシンクロはこのとき限りで、二度と目にすることはなかった。それよりも興味はすっかり三江北線にいっていて、上江川橋で撮影するや、逆向C56の牽く1391レを追い掛けて石見川本方面を目指してクルマを走らせるようになっていた。

　それにしても江津のこのポイントは「上江川橋」だけでは終わらなかった。ここに住んでいるひとはどんな思いなのだろう。家並みの間からはどんな風に見えるのだろう。そんなことより、この家並とC56の取り合わせは、一体どうなっているのだろう。

　周辺を見下ろせる場所を発見したのは大きな収穫であった。線路開通の方があとなのだろうか、線路部分だけ切り取られたような家もある。いくら見ていても飽きない情景が広がっている。それは、なんど訪れていてもまた見ておきたくなるものだ。

　地響きとともに通過して行く列車は、次の見開きの通り、いく度訪問しても二度と同じ情景ではなかった。

「上江川橋」の向こう

　「上江川橋」の楽しみは、まだまだつづく。列車は橋の向こうをガーダー橋で横切って進む。ガーダー橋の下は家並の入口になっていて、いつかは散策してみたいと思いつつ、そんな余裕もないまま、列車を追い掛けるのだった。

　そのままガーダー橋はつづき、列車は小高い山影に消えていくのだが、この小山が先の俯瞰するポイントになる場所で、線路はそのまま短いトンネルに入っていくのだった。

　自家用なのだろうか、小舟が何艘か水面に浮かんでいる。河岸ぎりぎりに建つ家も生活感に溢れている。そんなすぐ脇を走る蒸気機関車。それほどに、身近かな存在だったのだ。それらがすべて消えてしまって、線路さえなくなってしまったいま、むかしを思い起こすよすがはあるのだろうか。

　先の俯瞰のポイントは新鮮な情景を見せてくれた。いつも興奮しいしい、またとない情景を楽しんだのだが、唯一最大の欠点は、あそこで撮影すると、このあとすぐに列車を追い掛けられないこと。その点「上江川橋」は最高。すぐにあとを追うのだった。

057

江の川に沿って…

　江の川は「ごうのがわ」で、その河口の街が江津「ごうつ」だ。1970年6月に改称されたのだがそれまでは石見江津（いわみごうつ）が駅名であった。

　中国山中の三次と江津を結ぶ路線として計画されたのが三江線で、最初は江津〜川戸間が1930年4月に開通した。その後、1955年に三次側からも開業したことから、三江北線を名乗るようになった。その全通までは45年の長きを要し、晴れて全通したのは1975年7月。三江線となったのも束の間、2018年に廃線になっているのはご存知の通り。すでに1968年当時から廃線を検討された赤字路線にあげられていたというから、ナントモハヤである。

　三江線はほぼ全線、可愛川と名を変える江の川に沿って走る。とくに下流、三江北線の区間、しばらくはゆったりとした流れに沿った、美しい景色がどこまでもつづく。

　ときに支流を含めいくつもの鉄橋で渡河し、それぞれに美しい情景を見せてくれるが、それはまた改めるとして、ここは「上江川橋」からつづく情景を楽しむとしよう。大河に沿った道だからだろうか、ときに靄が立ち込めることもあるのだが、逆向C56の煙が白く長くたなびいて、余韻を残す。

　ところどころの小舟もいいアクセントとなり、いつまでも飽きることのない河沿いの情景なのだった。

065

　白い煙をたなびかせながら C56 はだんだん遠ざかっていく。川面に融けていく煙を目で追いながら、一度ならず、その情景を最後まで見送っていたことがある。江の川は時に大きくうねりながら進む。あまり川幅は変わらないかのような、ずっと大河の趣きがつづくのだった。

　C56 の牽く 1391 列車は 32.6km 先の石見川本止まり。9 時 44 分には着いてしまう。帰りは 16 時 35 分発で江津は 18 時 20 分着だ。

　陽の加減もあり、朝の部だけで終了、ということも多かったのだが、数回、帰りの 1392 レを「上江川橋」で迎えたことがある。次ページの写真の通り、仕事終わりの釣り人が多く押寄せていた。川を覗き込むと、太刀魚が水面近くに泳いでいた。

　その向こうを走る C56。なぜか三江北線は逆向運転が似つかわしい、そのとき強く思ったのであった。

067

帰路の１３９２レ、釣に忙しくて誰も機関車など
目に留めていない。いつもの当たり前の情景…

特集 3

小郡機関区 C62 1との遭遇

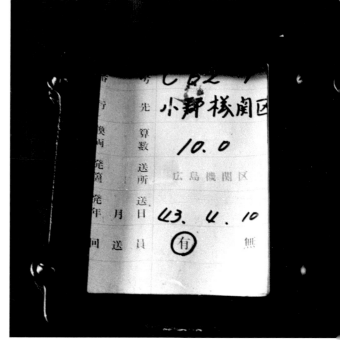

夏の暑い日であった。ぽっかり空いた時間を使って、小郡機関区を訪ねた。まだぎりぎり D52 型が残っているかもしれない。それを確かめ、運がよければ機関区にいるなん輌かを写真に収められる…

　豈図らんや、機関区の片隅に D52 と D51 が休んでいた。すでに本線筋からは消えてしまっていたが、かつて本線だった岩徳線には、しばらく D52 の活躍を見ることができた。

　汗ビッショリになりながらも、1 輌でも多くの機関車を撮影したい。奥の扇形庫に向かって足を運んでいたときである。あ、もう 1 輌 D52 型がいる。テンダーの後姿を見て、そう合点して近づいていった。なんと、それは D52 ではなくて C62、それもトップナンバーの C62 1 であった。

　もちろん予想だにしていないこと。大汗を書いていたのも忘れて思わず駆け足で近寄っていったのだった。紛れもなく C62 1 だ。なんでこんなところに… などと考えるより先に、夢中になって庫のなかの巨体を観察したのだった。

　キャブの脇にここにある理由が書かれていた。

　送り状には「番号：C62 1、行先：小郡機関区、換算：10.0、発送箇所：広島機関区発送年月日：昭和 43 年 4 月 10 日付、回送員：有」とあった。

　撮影の 4 ヶ月前からここにいたことになる。

冒頭のカラー写真、火室部分が切り取られ赤く塗られていたのが実に印象的であった。全体が艶のある塗装だったことも含め、保存のために整備されて、それを小郡機関区で預っている、そんな印象であった。

　のちにいろいろ調べたら、すでに一年前の1967年7月に広島機関区所属という状態で廃車宣告を受けていた。保存のための保管という想像はその通り、だったようだ。

　もう一度、小郡でC62 1を観察したことがある。1971年8月のことだから、あれから3年の年月が経過していたことになる。九州からの帰り道、ひょっとしたらまだ小郡に「シロクニ」がいるかもしれない、そんな淡い期待とともに寄り道をした。

　一目散で扇形庫を目指したが、なんと、虫干しかC62 1はターンテーブル脇に出されていた。こん回は予期していない機関車としてDD11型がいた。ひょっとしたら、C62 1を庫から引き出したのはこのDD11だったかもしれない。庫外にいるC62 1はなにか色褪せたようでもあった。

　どこかで展示されたのか、ランニングボード縁に白が入れられている。「消えゆく蒸気機関車」の話題が少しづつ出てきた頃だ。

074

075

DD11 型は初期の国産ディーゼル機関車として 1950 年代につくられたもの。小型のロッド式 B-B 機関車で、全部で 9 輌がつくられた。前期型 3 輌と後期型 6 輌では各部が異なる。晩年は入換え用に使われ、DD11 5 が小郡区にいた。

懐かしい「かもめ」のヘッドマークを付けて広島駅でC62 1が展示されたのは「鉄道100年」、1972年のことである。梅小路では「蒸気機関車館」が華々しくオープンし、世の中でも俄然蒸気機関車への注目が高まりはじめた頃だ。

C62型とのトップナンバー機ということで、「準鉄道記念物」指定が1976年に与えられる。「蒸気機関車館」には北海道からC62 2がお輿入れしたことから、C62 1は広島にある鉄道学園に保存されることになった。そこでの様子は伝えられることはなかったが、わが国最大の旅客用蒸気機関車である「シロクニ」の人気は高まる一方だった。

みんなの注目が集まると逃げ腰になる、というアマノジャクというか、すっかり蒸気機関車も消滅してしまっていつしか線路端から遠のいていたりした時である。「C62 2をつくる」（デアゴスティーニ、2010年）のために「蒸気機関車館」に取材に出向いた。もちろんお目当てはC62 2だったのだが、側線にC62 1を発見した。鉄道学園が閉校になってどうなったか、と少し気になっていたがここにいたとは。

北海道の「ゴールデン・コンビ」はC62 2＋C62 3だったが、ここには1と2がいる。もしも、1番も北海道に渡っていたなら… など、勝手な夢想をしたりしたのだった。美しい姿で永遠に姿をとどめんことを。

30年以上の時が経過したのち、ふたたびC62 1と遭遇する機会があった。「蒸気機関車館」に収まったC62 1。ナンバープレートが黒地の写真（下と前ページ上）は2006年10月撮影。その後、スライドバーやサイドロッドとともにナンバープレートにも赤が入れられた。それは2010年11月に撮影したもの。

あとがきに代えて

　一番最後まで熱心に通ったのは三江北線だったかもしれない。蒸気機関車全廃の前の年になっても、三江北線はしっかり蒸気機関車が走っていた。われわれの写真撮影も年々上達していたから、最後になればなるほどヴァラエティに富んだ写真を狙えるようになっていた。

　そんなこともあって、三江北線はお気に入りのローカル線のひとつになっていた。1972年秋に訪問したときは、夏の豪雨で一部区間が不通、その復旧を見るより前に蒸気機関車が引退してしまったのには、なんだかいたたまれない思いがしたものだ。まあ、引退が1974年11月だから、本当に蒸気機関車末期まで頑張っていたことになる。

　本文でも書いたけれど、最初に三江北線、江津を出発して間なしの情景を目の当たりにしたときの衝撃はいま以って忘れられない。川に沿って走る線路は、本当に手を伸ばせば届くのではないかというほどの距離で家並の軒先をかすめて走るのだ。ディーゼルカーならまだしも、そこを蒸気機関車が走るというのだから、ああ、あの家で一日でいいから暮してみたい、と心

底思わされた。開いた窓のすぐ外を蒸気機関車のエンジン、シリンダ部分が見えるなんて、どんな衝撃なのだろう。経験してみたかったなあ。

＊　　　　　＊　　　　　＊

　それにしても蒸気機関車末期、それこそカウントダウンがはじまるころまで三江北線は命脈を保っていた。あっちでもこっちでも蒸気機関車が消えていき、いよいよ残るのは数えるほどになっていた。

　そんななか、わざわざ遠いところにある三江北線に通ったのは、最後まで秘境というような部分が残っていたからだった、といま思う。引退のニューズが流れるとともに、どこの路線も名残りを惜しむひとで賑わうようになっていた。自分もそのひとりであるくせに、静かに写真を撮りたい、などと図々しいことを思いはじめる。かくして、あまりひとの行かない辺地のローカル線に至る、それが三江北線だったというわけだ。

　だって江津なんて島根県の日本海沿いの街から、中国山地に分け入っていく路線。蒸機列車も途中駅まで貨物列車が一往復するだけ、しかも最晩年は水害で途中までしか走らない変則運用になっていた。

　機関車はC56。国鉄制式蒸気機関車のなかにあって、小型テンダ機関車という特別な存在である。C12方とともにローカル線用につくられた機関車だから、比較的長距離のローカル線、三江北線には打ってつけの機関車だったといえる。

　テンダ機関車ながら、最初から逆向運転も配慮されていて、スローピング・テンダーは独特だ。左はのちに添乗させてもらった時のカット。その逆向運転の列車が撮りたい、というのも三江北線に通った理由のひとつだったかもしれない。

　　　＊　　　　　＊　　　　　＊

　写真はすごい、改めて思う。写し込まれているもの、もちろん被写体として捉えたものはもちろんだが、その周辺に写り込んでいるものに突如として大きな意味を感じてしまうことがある。はじめの頃は人物や周囲の建造物など、機関車以外のものはできるだけ写り込んでいないのがよし、と思っていた。

　それがあるときから、できるだけ周辺のものも写し込むような写真を好むようになっていった。われわれの写真はいつもフィルムを倹約することとのタタカイ、であった。いまのようなめちゃくちゃに連写してなかからひとコマを拾うディジタルとはちがう。いかにして少ないコマ数で収めるか。列車写真など、36枚撮りのフィルムが終わってしまって、フィルム交換などということにならないようにせねばならない。

　われわれはしかし恵まれた世代かもしれない。先輩方の記録された蒸気機関車の全盛時代の頃は、それこそ走行写真が至難というほどのシャッター速度だったし、フィルムだってもっと貴重だったのだから。

　　　＊　　　　　＊　　　　　＊

　布原といえば三重連といわれるくらい、ある意味、最後の蒸気機関車ブームの折の象徴的シーンにもなっていた。トンネル脇にできる三脚の林立、地主は「有料お立ち台」までつくったりして、それがまた話題になったりした。

　そういう騒音があったからか、布原の持つ本来の静かな美しさはなかなか伝わらなかったのではないか。初めての布原は叔父に連れられて行った中学入りたての頃だ。叔父は、新聞かなにかでここで全国ても珍しい三重連が運転されているというのを知って、汽車好きの甥っ子を誘ってくれたのだ。

　岡山の親戚宅に朝5時に迎えにきてくれて、買ったばかりの新車に乗せて、片道2時間以上掛けて布原を見下ろす国道の撮影ポイントに立たせてくれた。朝靄のなか、撮影したのがカラーページの写真だ。

　デゴイチよりも軽便列車が撮りたい、という甥っ子に少しガッカリしたようだったが、その後、井笠鉄道に連れて行ってくれて、丸々いち日遊んでくれた。上の写真は、そのとき叔父がセミ判のスプリングカメラで撮ったものである。

　のちのち布原を訪ね、また三重連の取材もさせてもらって、改めてこの初めての布原を懐かしく思い出したりしている。

　　　　　　2023年暮に
　　　　　　　　いのうえ・こーいち

いのうえ・こーいち　著作制作図書

● 『世界の狭軌鉄道』いまも見られる蒸気機関車　全 6 巻　　2018 〜 2019 年　　メディアパル

1、ダージリン：インドの「世界遺産」の鉄道、いまも蒸気機関車の走る鉄道として有名。
2、ウェールズ：もと南アフリカのガーラットが走る魅力の鉄道。フェスティニオク鉄道も収録。
3、パフィング・ビリイ：オーストラリアの人気鉄道。アメリカン・スタイルのタンク機が活躍。
4、成田と丸瀬布：いまも残る保存鉄道をはじめ日本の軽便鉄道、蒸気機関車の終焉の記録。
5、モーリイ鉄道：現存するドイツ 11 の蒸機鉄道をくまなく紹介。600mm のコッペルが素敵。
6、ロムニイ、ハイス＆ダイムチャーチ鉄道：英国を走る人気の 381mm 軌間の蒸機鉄道。

● 『C56 Mogul』 C56 の活躍した各路線の記録、また日本に残ったうちの 40 輌の写真など全記録。

● 『小海線の C56』 高原のローカル線として人気だった小海線の C56 をあますところなく紹介。

● 『井笠鉄道』 岡山県にあった軽便鉄道の記録。最期の日のコッペル蒸機の貴重なシーンも。

● 『頸城鉄道』 独特の車輌群で知られる新潟県の軽便鉄道。のちに 2 号蒸機が復活した姿も訪ねる。

● 『下津井電鉄』 ガソリンカー改造電車が走っていた電化軽便の全貌。瀬戸大橋のむかしのルート。

● 『尾小屋鉄道』最後まで残っていた非電化軽便の記録。蒸気機関車 5 号機の特別運転も収録する。

● 『糸魚川＋基隆』 鉄道好きの楽園と称された糸魚川東洋活性白土専用線と台湾基隆の 2' 蒸機の活躍。

● 『草軽電鉄＋栃尾電鉄』永遠の憧れの軽便、草軽と車輌の面白さで人気だった栃尾の懐かしい記録。

● 『日本硫黄沼尻鉄道』 先輩、梅村正明さんの写真で構成した沼尻鉄道の春夏秋冬。車輌も詳述。

● 季刊『自動車趣味人』3、6、9、12 月に刊行する自動車好きのための季刊誌。肩の凝らない内容。

著者プロフィール
　いのうえ・こーいち　（Koichi-INOUYE）
岡山県生まれ、東京育ち。幼少の頃よりのりものに大きな興味を持ち、鉄道は趣味として楽しみつつ、クルマ雑誌、書籍の制作を中心に執筆活動、撮影活動をつづける。近年は鉄道関係の著作も多く、月刊「鉄道模型趣味」誌に連載中。主な著作に「C62 2 final」、「D51 Mikado」、「世界の狭軌鉄道」全 6 巻、「図説電気機関車全史」（以上メディアパル）、「図説蒸気機関車全史」（JTB パブリッシング）、「名車を生む力」（二玄社）、「ぼくの好きな時代、ぼくの好きなクルマたち」「C 62 ／団塊の蒸気機関車」（エイ出版）、「フェラーリ、macchina della quadro」（ソニー・マガジンズ）など多数。また、週刊「C62 をつくる」「D51 をつくる」（デアゴスティーニ）の制作、「世界の名車」、「ハーレーダビッドソン完全大図鑑」（講談社）の翻訳も手がける。季刊「自動車趣味人」主宰。株）いのうえ事務所、日本写真家協会会員。
連絡先：mail@tt-9.com

伯備線 D51/C58、三江北線 C56　鉄道趣味人 11「西日本 2」

発行日　　2024 年 1 月 20 日
　　　　　　初版第 1 刷発行

著者兼発行人　いのうえ・こーいち
発行所　株式会社こー企画／いのうえ事務所
　　　　〒 158-0098　東京都世田谷区上用賀 3-18-16
　　　　　　PHONE　03-3420-0513
　　　　　　FAX　　 03-3420-0667

発売所　株式会社メディアパル（共同出版者・流通責任者）
　　　　〒 162-8710　東京都新宿区東五軒町 6-24
　　　　　　PHONE　03-5261-1171
　　　　　　FAX　　 03-3235-4645

印刷 製本　株式会社 JOETSU デジタルコミュニケーションズ

© Koichi-Inouye 2024

ISBN　978-4-8021-3446-0　C0065
2024 Printed in Japan

◎定価はカヴァに表示してあります。造本には充分注意しておりますが、万が一、落丁・乱丁などの不備がございましたら、お手数ですが、発行元までお送りください。送料は弊社負担でお取替えいたします。

◎本書の無断複写（コピー）は、著作権法上での例外を除き禁じられております。また代行業者に依頼してスキャンやデジタル化を行なうことは、たとえ個人や家庭内での利用を目的とする場合でも著作権法違反です。

著者近影　　撮影：イノウエアキコ